MÉMOIRE

SUR LA SITUATION

DE

SAINT-DOMINGUE.

MÉMOIRE

SUR LA SITUATION

DE

SAINT-DOMINGUE,

A l'époque du mois de janvier 1792.

A PARIS,

DE L'IMPRIMERIE DE MIGNERET,

RUE JACOB, F. S. G. N.º 40.

1792.

MÉMOIRE

SUR LA SITUATION

DE SAINT-DOMINGUE,

A l'époque du mois de janvier 1792.

L'AFFAIRE des Colonies présente une multitude de questions : si on se borne à n'en examiner que quelques-unes, nécessairement on n'arrive qu'à des résultats erronés; vouloir les examiner toutes, c'est prendre une tâche très-difficile, c'est sur-tout appeler sur sa tête la haine de tous les partis : aucun d'eux n'est sans reproche.

Membre de la société des colons Français, ruiné par les désastres de Saint-Domingue, je dois paroître partial : j'ose prendre ici l'engagement de m'élever, dans toute cette

A

discussion, au-dessus de mes intérêts ; je ne dirai que ce qui m'est démontré ; je parlerai, quand il sera nécessaire, le langage des circonstances ; je n'excuserai pas mes compatriotes, et si j'accuse les auteurs de leur ruine, une démonstration rigoureuse précédra l'accusation.

Pour trouver les remèdes à nos maux, il faut en connoître le principe.

Reportons-nous à l'époque de la révolution Française.

Avant 1788 la Colonie jouissoit d'un grand calme, son régime présentoit quelques vices ; la métropole, avec laquelle son rapport de dépendance étoit absolu, lui envoyoit des espèces de vice-roi : ceux-ci influencés par les bureaux ministériels, enchaînés à une routine aveugle, environnés de créatures avides, et sur-tout étrangers à la Colonie qu'on leur livroit, faisoient pendant un règne de trois ans aussi peu de bien et autant de mal qu'il en devoit naturellement résulter de cet ensemble de circonstances. Cependant la fécondité du sol, la ténacité du travail et l'intelligence du colon luttoient avec avantage contre les vices de ce régime. L'esclavage des nègres étoit adouci par l'influence du gouvernement, par l'humanité et l'intérêt des planteurs ; le maître d'une habitation avoit au Cap ou au Port-au-Prince plus d'une occasion d'apprendre combien les rebuffades et les mépris sont pénibles à dévorer ; et le nègre se consoloit de l'obéissance, en disant dans son langage, *blanc maître à moi, roi maître à blanc*. La distance qui séparoit le colon blanc de l'homme esclave, étoit remplie par la classe intermédiaire des hommes de couleur. Les trois classes avoient une faculté commune, celle de posséder. La classe des blancs avoit seule le droit de remplir les emplois publics, encore étoient-ils pour la plupart confiés à des Français d'Europe, à l'exclusion des cultivateurs de la Colonie qui, livrés à leurs travaux, ne les desiroient même pas.

Dans cet état de choses, la première cause d'effervesence fut un acte arbitraire du gouvernement Français. Il supprima le conseil supérieur établi au Cap, et le réunit à celui du Port-au-Prince : cette mauvaise opération indigna la partie de la Colonie qu'elle condamnoit à aller chercher au loin et par

des chemins difficiles la justice qu'un gouvernement doit à tous, et sur tous les points
d'un empire. De nombreuses réclamations
se firent entendre, et plusieurs donnèrent
la mission à un compatriote résidant en
France, de les faire valoir.

A cette époque fut indiquée la convocation des états-généraux de France. On se
rappelle combien d'espérances en environ-
noient la promesse. Chacun crut y voir le
redressement de tous ses griefs, et ce colon
chargé de solliciter le rétablissement du
tribunal du Cap, crut apparemment servir
la Colonie en lui faisant courir la chance
de la régénération. Il s'adjoignit six de ses
compatriotes qui se trouvoient à Paris.
Alors s'établit une double correspondance :
ils demandèrent d'être admis comme dépu-
tation coloniale dans les états-généraux de
France, et ils écrivirent dans la Colonie
pour faire ratifier ce vœu.

Dans le même temps se formoit, à Paris,
la société des colons Français. Peut-être se
trouvoit-elle partagée d'opinions sur le
commodo ou *l'incommodo* de la représentation de la Colonie aux états-généraux ;
mais elle vouloit unanimement qu'une con-

vocation légale de la Colonie la mît à même d'émettre son vœu sur cette question délicate et importante. Le ministre se trouva donc partagé entre les sollicitations de ceux qui se disoient députés de Saint-Domingue, et présentoient à l'appui de ce titre des procurations partielles et des ratifications obtenues dans la Colonie, et les demandes de la société qui, méconnoissant les députés de Saint-Domingue, demandoit une convocation légale. Le vœu secret du ministre devoit être d'éluder toutes les demandes, de conserver l'autorité et de gagner du temps. Dans ces vues, il devoit préférer la demande d'une convocation dans la Colonie à celle de l'admission des députés de Saint-Domingue : il envoya donc dans la Colonie un plan de convocation, et en même temps les agens ministériels furent accusés de mettre des entraves à ce que ces plans s'exécutassent.

La Colonie se trouva dès-lors travaillée en tous sens par l'effet des circonstances et de ces intérêts opposés. La marche rapide des événemens en France décida ce que de longues délibérations auroient difficilement arrangé. Les prétendus députés de

Saint-Domingue se présentèrent à la séance du jeu de paume ; ils furent admis dans ce corps qui venoit de se former sous la dénomination d'assemblée nationale, et la Colonie qui n'avoit point émis de vœu, qui ne savoit pas encore si elle vouloit être représentée, apprit en même temps qu'il existoit un serment civique, que ces députés l'avoient prononcé en son nom, et qu'elle devoit désormais faire partie intégrante de l'assemblée nationale.

Ces nouvelles durent être reçues à Saint-Domingue avec terreur par les agens du pouvoir ; les hommes irréfléchis les reçurent avec enthousiasme, et les propriétaires avec une sorte d'inquiétude ; alors furent semés pour la première fois les germes de l'insurrection ; alors les possesseurs d'esclaves, qui prononcèrent le mot de *liberté*, appelèrent l'instant qui devoit rendre un jour leurs ateliers déserts.

On voit que jusqu'ici tout est l'effet de la marche naturelle des choses. Les hommes qui ont figuré à cette première époque, ont été ce que sont ordinairement les hommes, imprudens, avides de nouveautés, marchant avec l'espérance, et non pas avec la réflexion. On n'avoit examiné aucun principe, on ne savoit pas même ce qu'étoit une Colonie, on ne s'étoit pas demandé sur quelle base doit être établi le pacte fédératif qui l'attache à la métropole ; aussi sommes-nous ramenés aujourd'hui par de longs malheurs à l'examen de ces questions. Je tâcherai d'en poser les principes avec précision ; mais reprenons notre récit.

Du moment où l'assemblée nationale eut admis des députés de Saint-Domingue, toutes les plaintes de la Colonie lui furent portées : les griefs qu'elle avoit contre le commerce de France lui furent soumis, et pour prendre de plus en plus les couleurs révolutionnaires, les députés firent une volumineuse dénonciation contre le ministre de la marine. Ces divers objets attirèrent long-temps l'attention générale ; de leur discussion naquirent des haines, et de leur multiplicité on fit adroitement naître le besoin d'un comité colonial. La société des colons Français, et même quelques gens voyant bien sur ce point, entre autres M. Blin, député de Nantes, soutinrent que cette institution étoit au moins inutile, que c'étoit des Colonies mêmes que devoient arriver les véritables renseignemens, que c'étoit dans la Colonie que devoient être préparées les loix; que les rapports des Colonies avec la Métropole devoient se borner à des réglemens sur le commerce, ou sur le mode de protection : ces idées vraies furent repoussées, elles ne furent même pas entendues; l'institution du comité colonial fut décrétée, et ce comité se crut obligé d'agir, par cela seul qu'il existoit.

Dans le même temps, une autre cause acquit une puissante influence sur l'affaire des Colonies : la société des amis des noirs, née en Angleterre et bientôt transplantée en France, agitoit depuis long-temps dans ses écrits la grande question de l'esclavage et de la traite des nègres. Leur doctrine ne parut d'abord qu'une opinion philosophique; bientôt elle devint dans les mains des sectateurs Français, un agent de la plus funeste activité. On a pu croire que cette société étoit un instrument dirigé contre la France par le ministère Anglais; quelques motifs sembloient appuyer cette conjecture. Premièrement, l'abolition de l'esclavage et de la traite, en la supposant universelle , ruine le commerce Français , et ne porteroit qu'une légère atteinte au commerce de l'Angleterre. Secondement, le ministère Anglais a fait agiter solemnellement , dans deux sessions parlementaires , la question de la traite des noirs : il a laissé produire d'abord les témoignages qui en montroient les inconvéniens et l'immoralité ; il a envoyé en France le sieur Clarkson , le plus ardent promoteur de l'abolition de la traite , et l'un des correspondans des amis des noirs ; il nous a inoculé de toutes les manières cette nouvelle doctrine à laquelle nous étions préparés par l'esprit d'une exaltation philosophique , et par notre esprit d'imitation ; et tout-à-coup lorsque l'opinion publique en France a paru suffisamment imbue de ces nouvelles idées , le ministère Anglais s'est hâté de rassurer le commerce de Bristol et de Liverpool , en produisant une nuée de témoins favorables à la traite , et en faisant prononcer au parlement un ajournement indéfini. Troisièmement, les chefs de la société des amis des noirs sont des hommes qui , ayant des relations fréquentes avec l'Angleterre , ont , par leurs opinions forcenées , occasionné les commotions les plus violentes , et dont le nom s'attache dans l'opinion publique, à tout ce que nos troubles présentent d'atroce. Quatrièmement enfin, la multiplicité de leurs intrigues, les massacres qu'ils ont provoqués, les assassinats dont ils se sont fait les apôtres, et la mauvaise foi soutenue de leurs raisonnemens, indiquent plutôt les agens d'une puissance ennemie , travaillant en révolution comme soudoyés par elle , que les disciples d'une doctrine philosophique , dont la première loi seroit sans doute de n'employer que la raison et la vérité. Appuyés sur ces considérations , quelques-uns n'ont pas hésité à dénoncer la société des amis des noirs comme le coupable et vil instrument de la politique Anglaise : plus modéré , je ne prononcerai pas sur cette accusation ; les résultats de son influence sont assez funestes , sans vouloir pénétrer encore le crime de leurs intentions.

Quoi qu'il en soit, la société des amis des noirs prêchoit ouvertement dans ses écrits et l'abolition de la traite, et l'abolition de l'esclavage. Mirabeau eut l'inpudence d'en consigner le vœu dans le journal qu'il rédigeoit, et de prononcer aux Jacobins une opinion sur cette matière: mais l'intérêt de la France, et toutes les motions politiques repoussoient ouvertement cette demande. Le commerce étoit trop puissant dans l'assemblée nationale, tous les hommes d'état étoient trop unanimes sur le danger d'une pareille innovation, pour que les amis des noirs osassent faire présenter ce vœu formel à la tribune, et se flattassent de l'y voir accueillir. Ils prirent dès-lors une autre route.

Ils feignirent d'abandonner avec regret les intérêts du nègre esclave; ils dirent qu'il falloit, par une longue éducation, le préparer à la liberté; mais ils rassemblèrent à Paris six mulâtres, dont un ou deux seulement avoient des liaisons directes avec la Colonie : ils les créerent spontanément les députés des hommes de couleur, leur composèrent une pétition, y joignirent l'annonce mensongère d'un don patriotique de six millions, et réclamèrent hautement le droit de citoyens et celui d'une représentation particulière pour une classe qui ne les avoit pas chargé d'en faire la demande, et qui même n'en avoit pas émis le vœu. L'as-

semblée nationale n'accueillit pas formellement le vœu des six mulâtres de Paris,
mais leur demande fut le premier germe
du décret impolitique du 15 mai 1791 ,
et la correspondance qui s'établit bientôt
entre quelques membres de cette assemblée et les hommes de couleur , fut la
première cause de l'insurrection de ces
derniers , et le moyen simple et continuel
par lequel fut propagée dans la Colonie la
doctrine des amis des noirs.

Retraçons maintenant en peu de mots,
ce qui se passoit à Saint-Domingue , tan-
dis qu'il existoit en France un comité colonial, une société des amis des noirs, et une
demande formée par les mulâtres de Paris.

Il se forma naturellement dans la Colonie
deux opinions bien distinctes ; les uns se
livrèrent sans aucune réserve au système
de révolution , repoussèrent les réflexions
des gens sages , reçurent avidement les
impressions qui leur furent données de
France, organisèrent des municipalités, am-
bitionnèrent des places dans les assemblées
coloniales , et formèrent ce qu'on appela le
parti des patriotes. D'autres moins con-
fians , plus circonspects, ne se livrèrent

qu'avec méfiance aux mouvemens révolu-
tionniares, et persuadés que maintenir les
anciennes autorités étoit un moyen de s'opposer aux désordres, ils se rallièrent aux
agens du pouvoir exécutif. Bientôt il s'éleva
une lutte entre ces deux partis ; ils se re-
prochèrent respectivement leurs intentions;
chacun d'eux voulut se donner des soutiens,
et les moyens qu'ils employèrent furent
tous impolitiques, et quelques-uns coupables.
Les non-propriétaires, connus sous le nom
de *petits blancs*, les troupes de ligne et
les hommes de couleur parurent à chaque
parti des instrumens utiles, et chaque parti
mit en œuvre pour les gagner ces caresses
mal calculées, ces distributions impruden-
tes, ces orgies tumultueuses qui composent
trop souvent la tactique révolutionnaire, et
dont le résultat est en dernière analyse de
démoraliser un peuple, et de le condam-
ner à des troubles interminables.

Ce fut sur ces deux partis ainsi disposés
qu'agirent successivement les fausses mesures du comité colonial, les intrigues im-
puissantes de quelques-uns et les motions
subversives des amis des noirs. Revenons à
la marche que suivit le corps constituant.

Il s'apperçut de l'abus que l'on pouvoit faire a Saint-Domingue de la déclaration des droits de l'homme ; il déclara, le 8 mai 1790 , que les Colonies n'étoient pas comprises dans la constitution Française; il annonça aux Colonies des instructions pour qu'elles usassent de l'initiative qu'il déclaroit leur appartenir. Cette déclaration fut encore authentiquement confirmée par un décret du 12 octobre 1790. L'effet de ces déclarations fut de tranquilliser les colons sur leurs propriétés , et dans cette sécurité commune, les deux partis se livrant à leur querelle politique, continuèrent de s'accuser, de se calomnier , et ne donnèrent qu'une légère attention au travail des amis des noirs qui profitoient du tumulte.

Ceux-ci agirent en même temps dans la Colonie et près du corps constituant ; ils ne parloient que des mulâtres , mais leurs déclamations contre les blancs , leurs fréquentes excursions contre l'esclavage, trahissoient leurs intentions véritables. Les mulâtres de Saint - Domingue , instruits par eux, se réunirent aux factions qui divisoient la Colonie , se rendirent nécessaires successivement à chacune d'elles , prirent les armes dans quelques endroits , et dans un pays où une classe est libre et l'autre esclave , ils osèrent répéter, d'après leurs instituteurs, que la nature les avoit faits les égaux des blancs ; ils osèrent parler de principes , et oublièrent absolument que, possesseurs d'esclaves eux-mêmes , ils violoient , à cet égard , par intérêt , ces mêmes principes qu'ils réclamoient par orgueil.

En France, la société des amis des noirs redoubloit ses instances auprès du corps constituant, et le 15 mai 1791 fut prononcé le décret qui statua sur les hommes de couleur , sans attendre l'initiative de la Colonie , et au mépris des engagemens pris avec elle par les décrets des 8 mars et 12 octobre 1790. L'effet de cette loi nouvelle fut dans la Colonie une consternation générale : les partis qui l'avoient divisée ouvrirent les yeux sur leur véritable situation : ils se virent livrés aux hommes de couleur dont les succès ne devoient pas tarder à faire naître des prétentions dans la classe même des esclaves. Ils désespérèrent de l'assemblée nationale qui trahissoit sans pudeur un engagement solemnel. L'explosion du désespoir fut générale; les hommes de couleur, effrayés de la disposition de la Colonie, hésitèrent dans quelques endroits à profiter de leur triomphe. C'est dans ces circonstances qu'une nouvelle calamité se manifesta , quelques ateliers se révoltèrent, et le mal gagnant de proche en proche , la Colonie alloit présenter bientôt l'horrible spectacle d'une dévastation générale.

Dans cet intervalle , le corps constituant s'appercevant de l'erreur dans laquelle il s'étoit laissé entraîner , crut suffisamment expier son décret du 15 mai , en donnant constitutionellement ceux des 24 et 25 septembre 1791.

Pendant ce temps les hommes de couleur se partageoient dans la Colonie entre les blancs et les nègres révoltés : ceux qui s'attachoient à ces derniers, présidèrent aux massacres et au pillage : parmi ceux qui suivoient les blancs quelques-uns leur livrèrent leurs femmes et leurs enfans pour gage de la sûreté de leurs intentions : les autres , plus audacieux et plus dociles aux instructions des soi-disant philanthropes, osèrent leur vendre leur appui, et capitulant avec eux sur les cendres

des

des habitations, ils leur firent signer, le 11 septembre 1791, un concordat confirmatif du décret du 15 mai.

En France, les amis des noirs, qui avoient prévu les effets du décret qu'ils avoient obtenu, s'empressoient de calomnier la Colonie qu'il alloit détruire, dans l'espérance de rejeter sur elle de la défaveur et de l'odieux. Ils présentoient les colons blancs, tantôt comme des contre-révolutionnaires qui vouloient faire au roi de France une place d'armes de Saint-Domingue, tantôt comme des rebelles qui vouloient déclarer leur indépendance et l'appuyer de toutes les forces de l'Angleterre.

C'est dans cet état de choses qu'on délibère sur l'état des Colonies ; c'est la multitude de questions qui naissent de ces circonstances, qu'il est nécessaire de résoudre. Les fautes du corps constituant, les imprudences des colons, les prétentions des hommes de couleur, la révolte des esclaves, les mouvemens des amis des noirs ; tels sont les élémens sur lesquels l'attention doit se porter.

Nous connoissons maintenant les causes de nos malheurs ; mais quel est le genre

B

de remède qu'il faut employer pour nous guérir ? Faut-il, comme feignent de le soutenir les amis des noirs, convertir en une loi générale le concordat que quelques hommes de couleur ont forcé les blancs à souscrire ? Faut-il ensuite répondre aux ravages des esclaves par un manifeste, et leur persuader, par la raison, de rentrer dans leurs ateliers ? Examinant cette première question, je n'ai pas besoin de remarquer que les amis des noirs ne peuvent pas soutenir de bonne foi ce paradoxe. Ils savent bien que céder à des premières violences, est appeler des violences nouvelles ; ils savent bien que le concordat est une capitulation faite à la suite d'une révolte ; que les hommes de couleur qui l'ont transcrite pour la dicter ensuite aux blancs, avoient les armes à la main depuis deux mois ; qu'ils avoient enlevé des munitions et d'autres objets ; qu'ils s'y donnent à eux-mêmes la qualification de *vainqueurs* ; qu'enfin ils y obligent les blancs de consentir à ce qu'ils réclament contre le jugement d'Ogé, mulâtre condamné à mort, et exécuté pour assasinats, vols et brigandages ; mulâtre arrivant de France avec des instructions, pour susciter une révolte dans la Colonie, et dont la condamnation est, dans le concordat, déclarée *infâme et digne d'être vouée à l'exécration contemporaine et future*; phrase que les blancs ont été forcés de souscrire, et qui, par je ne sais quel hasard, se trouve copiée mot-à-mot d'une lettre écrite par M. l'abbé Grégoire aux hommes de couleur.

Les amis des noirs ne se dissimulent aucuns des vices de ce concordat; ils savent encore que la majorité des hommes de couleur dans la Colonie né lui attache qu'une légère valeur, que sa rédaction leur fût étrangère, et qu'ils préféreront d'attendre du consentement libre des blancs, la concession des avantages compatibles avec le régime des Colonies. Persuadés comme nous de cette vérité qui contrarie leur systême, ils emploient une ruse qui réussit trop fréquemment. Ils nous donnent, d'une part, comme le vœu de tous les hommes de couleur, celui d'un petit nombre d'insurgés qu'ils ont séduits; et, de l'autre, ils font exagérer dans la Colonie les dispositions favorables de l'assemblée nationale et le succès d'une première révolte, afin de porter à l'insurrection tous ceux qui s'y refuseroient encore.

Les amis des noirs savent bien qu'en supposant même que les blancs achetassent, par toutes sortes de sacrifices, la tranquillité, des mulâtres dont la cause n'a véritablement été qu'un prétexte pour cette funeste société, la révolte des nègres ne seroit pas réprimée par l'effet seul de la réunion des deux classes supérieures.

L'effet d'un manifeste seroit nul. Premièrement, un manifeste qu'une grande force n'appuieroit pas ne seroit qu'un aveu de notre foiblesse. Secondement, les amis des noirs ont eux-mêmes répondu, dans leurs écrits incendiaires, à tout ce que pourroit contenir ce manifeste qu'ils nous présentent comme une ressource. Les nègres, ces écrits à la main, répondroient, ou on leur feroit répondre à nos envoyés :

« Les principes éternels existent pour
» nous comme pour vous ; comme vous,
» nous naissons et nous demeurons libres
» et égaux : nous voulons, comme l'ont
» voulu les mulâtres, que des députés de
» notre couleur franchissent l'océan pour
» venir siéger dans la diète nationale; le
» soleil n'éclairera plus parmi nous que des

» hommes libres ; les rayons de l'astre qui
» répand la lumière, ne tomberont plus sur
» des fers et sur des esclaves. Il est dans la
» marche irrésistible des événemens, dans
» la progression des lumières, que tous les
» peuples, dépossédés du domaine de la
» liberté, récupèrent enfin cette propriété
» inamissible : condamnés depuis trop long-
» temps à arroser un sol étranger de nos
» sueurs et de notre sang, sans aucun
» espoir et sous les coups de fouet de
» maîtres barbares, nous ne voulons plus
» endurer le double supplice de l'esclavage
» et du spectacle de la liberté des autres.
» Nous avons entendu le mot enchanteur
» de la liberté ; notre cœur s'est ému, car le
» cœur d'un noir bat aussi pour la liberté.
» Peut-être en coûtera-t-il la vie à trente
» mille d'entre vous, et à la France ses
» Colonies : eh bien ! périssent ces trente
» mille blancs gorgés d'or et de vices !
» périssent les Colonies ! il n'y a pas à
» balancer : les loix de la justice, avant
» celles des convenances commerciales, et
» vos intérêts, après ceux de l'espèce hu-
» maine, outragée depuis si long-temps par
» votre conduite envers les hommes bruns

» et noirs. L'égalité, la liberté ne convien-
» nent point à votre férocité, car vous êtes
» des hommes de sang. Cependant nous
» voulons bien ne pas former de projets
» de vengeance contre nos persécuteurs :
» n'êtes-vous pas livrés à vos remords., et
» couverts d'une éternelle opprobre? L'exé-
» cration contemporaine n'a-t-elle pas de-
» vancé à votre égard l'exécration de la
» postérité ? Pourquoi appelleroit-on révolte
» dans nos îles, ce qu'on appelle insurrection
» en Europe ? Ou vous êtes des rebelles à
» Paris, ou nous ne sommes à Saint-Do-
» mingue que des opprimés qui secouent
» le joug. Les mêmes causes doivent ame-
» ner les mêmes résultats. Vous nous avez
» achetés, tant pis pour vous, le marché est
» nul ; vous êtes trop heureux que nous
» vous laissions vivre, après vous avoir mis
» dans l'impuissance de nous nuire; alors,
» s'il ne nous plaît plus de ravager les
» belles plantations qui sont notre ouvrage,
» nous les cultiverons pour notre compte. »
Voilà les réponses péremptoires que les
nègres révoltés pourront faire à tout manifeste, et ces réponses sont tirées textuel-
lement des écrits des amis des noirs, de

ces écrits qui , colportés dans nos Colonies, y ont fait naître la révolte , et nous réduisent à l'emploi de la force armée , parce qu'ils ont fermé le cœur et l'esprit des nègres à toute voie de conciliation.

Je viens de rappeler le langage que les amis des noirs ont appris à leurs disciples ; voyons maintenant quelle est la philosophie pratique à laquelle ces nègres se sont livrés.

Ils ont assassiné des blancs sans haine, sans sujet de plainte ; disant dans leurs interrogatoires, lorsque leurs premiers complots furent découverts : *Cet homme n'étoit pas méchant , nous l'avons tué à cause de la nation ; on a travaillé en France pour que nous soyons libres.* Des enfans mulâtres libres ont assassiné leurs pères : un commandeur nègre , chef de bande , tue lui-même son père , ses frères , sa femme , ses enfans , assassine son maître et présente ces cadavres à ses complices comme les essais de son courage et ses titres à leur confiance ; ils écorchent plusieurs blancs , pour essayer de faire des tambours de leur peau ; des enfans blancs empalés au bout des piques, leur servent d'étendards. Un chef, dans ses momens de repos, fait égorger des blancs prisonniers, en sa présence, pour boire leur sang; des habitans son garrottés à des arbres verts que l'on environne de feu, et que les flammes dévorent avec eux. Plus de quinze mille d'entre eux périssent victimes, non du désespoir auquel ils ont porté les blancs, mais de la défiance de leurs complices et de la barbarie des chefs qu'il se sont choisis. Cinquante femmes blanches forment le sérail d'un de leurs chefs; plusieurs périssent victimes de leur résistance, et quelques nègres, revenus aux mœurs de leur première patrie, se nourrissent de la chair de ces femmes infortunées, qui échappent à leur brutalité par la mort.

A peine la foiblesse des blancs leur a-t-elle donné quelque relâche, que l'on a vu les révoltés se choisir une multitude de petits despotes, et ceux-ci se partager, non des terres qu'ils ne veulent pas cultiver, mais leurs nouveaux sujets sur lesquels ils exercent, comme en Afrique, le droit arbitraire de vie et de mort.

Voilà l'heureux résultat des systêmes des amis des noirs; voilà les progrès qu'ont fait les nègres dans la saine philosophie; voilà l'heureux régime auquel on les a conduits

par des sophismes, et cela ne pouvoit être
autrement. On sait bien que ce n'étoit
point à la liberté que les marchands Européens alloient arracher les nègres qu'ils
vendoient dans nos Colonies ; on sait bien
que le despotisme le plus absolu, la supers-
tition la plus imbécille et la plus barbare,
l'usage indéfini de la force, et l'ignorance
entière des principes de la propriété, composent le code de cette partie de l'Afrique
où s'exerce le commerce de la traite. On
devoit juger qu'affranchis par une révolte,
les nègres de nos îles reviendroient à leurs
premières habitudes : on devoit penser que,
selon l'expression de Rousseau, expression
souvent répétée et plus souvent oubliée,
*la liberté est un aliment de bon suc, mais
de difficile digestion*, et les soi-disant phi-
losophes qui ont surchargé l'estomac d'un
enfant de la nourriture d'un homme ro-
buste, savoient bien qu'ils l'empoison-
noient. Telle est donc aujourd'hui la posi-
tion des nègres révoltés : si l'on prétend
négocier avec eux, le très-petit nombre
d'entre eux qui sait lire, nous répondra
par les sophismes des amis des noirs, et
ne pourra être persuadé. Le très-grand

nombre n'entendra, ni la demande ni la réponse ; mais ne voyant aucune force capable de lui en imposer, suivra son instinct féroce, et continuera ses ravages.

Il me paroît démontré qu'une force imposante peut seule ramener les nègres dans leurs ateliers ; qu'une conduite ferme peut seule faire repentir de leur insurrection les hommes de couleur qui ont été séduits, et retenir dans le devoir la majorité qui ne s'en est point écartée. Cette fermeté est absolument nécessaire ; j'ose dire qu'elle ne nuit au droit de personne, et je le démontrerai quand j'examinerai cette question.

J'ai dit qu'il falloit envoyer une force armée dans les Colonies ; mais cette mesure est elle-même insuffisante, si l'on n'y joint pas deux précautions indispensables! La première est de rassurer tellement la Colonie sur ses véritables intérêts, qu'elle ne puisse conserver aucunes inquiétudes. La seconde est de s'assurer d'avance qu'aucun des partis, qui existent à Saint-Domingue, n'emploiera cette force armée pour servir sa propre querelle.

Par quel moyen peut-on parvenir à ce

double but ? Il me semble qu'il suffit, 1.º d'adopter ouvertement, authentiquement et franchement les principes reconnus, les 24 et 25 septembre 1791 , qui consacrent les droits légitimes de la Colonie.

2.º De confier la force armée à un chef , avec un pouvoir supérieur à tous les intérêts existans dans la Colonie , une véritable dictature bornée dans sa durée, soumise à une responsabilité sévère , mais dont aucune force , aucune opposition soi-disant patriotique, ne puisse entraver l'action.

3.º De suspendre jusqu'au retour de la paix , toute assemblée délibérante dans la Colonie , autres que celles qui seroient purement administratives.

Par ces moyens, on arrêtera les désastres , on réduira les révoltés , on pacifiera la Colonie, et alors , seulement alors , on pourra s'occuper avec succès et sans danger d'un régime colonial , et des rapports qui doivent unir les Colonies à la métropole.

Les mesures que j'indique seront efficaces; mais de plus , elles sont justes et conservent le droit de tous. Je vais d'abord le démontrer.

Après avoir repoussé les objections qui peuvent être opposées à ces mesures, je passerai à la question définitive, à celle même d'un régime colonial.

Voici les principales objections qu'il est possible de me faire :

Premièrement, me dirat-on, en reconnoissant toute la force du décret du 24 septembre, on irritera les hommes de couleur, ce qui est impolitique ; on détruira le concordat, ce qui est injuste.

Secondement, en confiant à un agent quelconque du pouvoir exécutif une sorte de dictature, même sujette à la responsabilité, on donnera tous les moyens d'opérer à Saint-Domingue une contré-révolution.

Troisièmement, en suspendant les assemblées populaires de Saint-Domingue, on anéantit le vœu du peuple, et on porte atteinte à ses droits.

En répondant à ces trois objections, les seules qu'on puisse m'opposer avec quelque apparence de bonne foi, je démontrerai l'avantage des mesures que je propose.

Le rapporteur de l'affaire des Colonies vient de démontrer suffisamment au corps législatif que le décret du 24 septembre est véritablement constitutionnel ; il est l'ouvrage du corps constituant ; on ne peut argumenter contre lui de l'époque où il a été rendu, et dire qu'après la promulgation de l'acte constitutionnel, l'assemblée n'étoit plus constituante : elle avoit bien déclaré dans cet acte qu'elle ne pourroit plus rien changer à la constitution, qu'il contient ; mais cet acte ne contient que la constitution pour la France ; il annonce formellement que celle des Colonies n'est pas comprise dans ses dispositions. Il en résulte donc que l'assemblée constituante n'ayant rien statué sur la constitution des Colonies, sinon qu'elle n'étoit pas celle de la France, se conservoit le droit et s'imposoit par là même le devoir de prononcer sur cet objet, et que son décret constitutionnel pour les Colonies du 24 septembre, n'est point une dérogation à l'acte constitutionnel pour la France, mais une addition dont la nécessité y avoit même été prévue, mais le complément de son ouvrage et l'exercice de ce droit qu'elle s'étoit conservé.

Le décret du 24 septembre ne détruit pas le concordat, en tant qu'il auroit été

librement souscrit, car ce décret constitutionnel n'interdit aucune des conventions
libres qui pourront être faites dans la Colonie entre les diverses classes qui la composent. Avec ce décret, le concordat reste
ce qu'il est, par la nature des choses :
il n'acquerra pas le poids que les amis
des noirs voudroient lui donner par
la confirmation du corps législatif ; mais
il arrivera de deux choses l'une : s'il
fut une convention libre, s'il fut un hom-
mage rendu à des principes par les colons
blancs, comme on ne cesse de nous le
répéter; il subsistera avec la loi consti-
tutionnelle qui ne l'a pas défendu; il subsistera, d'autant plus respecté de tous, que
la cessation des violences ne permettra
plus de douter qu'il ne soit, pour les parties
contractantes, l'expression de leurs volon-
tés et de leurs intérêts mutuels. Si au contraire il suffit que les armes soient ôtées
aux rebelles, pour que le concordat s'a-
néantisse, il ne faut plus nous parler de
la justice du concordat, mais se borner à
le défendre par la politique. A cet égard
on en impose sans pudeur quand on présente dès à présent, je ne dirai pas la tota-

lité , même la majorité des hommes de couleur comme attachée au concordat : cette pièce, envoyée d'Europe aux chefs d'une révolte, évidemment dirigée d'après des instructions européennes , n'est point encore , comme on nous le dit, *le palladium* des hommes de couleur. Les hommes de couleur sentent encore pour la plupart qu'ils sont nos enfans, qu'ils doivent respecter les droits imprescriptibles de la paternité, qu'à nous seul appartient le droit naturel de les faire jouir du bénéfice de la loi, avec les avantages que nous leur avons déja faits ; ils savent que les colons blancs ne leur refuseront pas dans un temps calme, la majeure partie de ce qu'ils desirent; ils savent encore que les différences qui doivent subsister à quelques égards entre eux et les blancs, sont le seul moyen de maintenir la différence bien plus forte qui doit subsister entre eux et les nègres esclaves. De nouvelles intrigues peuvent obscurcir ces notions vraies, mais il suffit d'avoir réfléchi sur les hommes en général, et sur les Colonies en particulier., pour sentir la nécessité d'une classe intermédiaire entre le blanc citoyen et adminis-

trateur, et le nègre totalement esclave.
Cette classe est en même temps le lien des
deux autres , et l'intermédiaire qui les
contient. Par les hommes de couleur , le
nègre esclave tient au sang de ses maîtres,
et ce rapprochement adoucit les formes de
la servitude ; par les hommes de couleur,
ou nègres libres, le nègre esclave a l'idée
d'un homme libre inférieur au blanc , et
trouve dans cette perspective un but à son
ambition, et un nouveau motif de respect
pour le blanc dont il ne sera jamais l'égal.
La philosophie s'afflige de ce langage. Cet
état de choses qui n'est ni celui de la
nature , ni celui de la raison abstractive-
ment consultées, est un bien relatif, produit
un bien relatif dans l'ordre des circonstances, que des faits antérieurs ont établis
dans la Colonie. C'est sur cet état de choses
que l'esclavage peut être fondé , sans qu'il
faille des atrocités pour le maintenir ; or, c'est
sur l'esclavage que reposent les propriétés
dans la Colonie, et la majorité des hommes
de couleur préfèrent avec raison leurs
propriétés au luxe des droits politiques ;
et lorsqu'une fois le peuple saura distinguer
ses vrais intérêts de ceux des intrigans

qui

qui le remuent, il saura par-tout que les droits civils sont des droits, et les droits politiques des devoirs pénibles dont l'accomplissement exige du loisir, des lumières et des sacrifices, et qui ne sont jamais plus mal exercés que par les ambitieux qui s'agitent pour les conquérir.

L'intérêt fera germer ces idées parmi les hommes de couleur. La révolte de leurs esclaves les refroidira sur le fanatisme politique ; quel que soit l'effet momentané des circonstances, la force des choses l'emportera ; ce qui aura été demandé par le plus fort, et accordé par la foiblesse, n'aura pas un effet constant ; les mulâtres, comme les blancs, demanderont la paix et le retour de l'ordre : si l'on parvient à détruire l'effet des suggestions européennes, ils seront bientôt rendus à leur véritable intérêt, et alors ils cesseront de réclamer le concordat, si par la mesure que je propose, les concessions extorquées étoient remplacées par une paix réelle, et l'espoir fondé d'en obtenir légitimement de plus solides, quoique de moins étendues.

En adoptant le décret du 24 septembre 1791, on fait évidemment une chose juste ;

on n'anéantit le concordat que dans le cas où il seroit, l'ouvrage de la force; ce qui évidemment est juste, et on n'indispose pas la majorité des hommes de couleur, cette majorité qui de bonne foi est venue se réunir aux blancs que l'intérêt de leur propriété attache nécessairement à leur cause, et qui n'a pas été séduite par le petit nombre de prosélytes dont les amis des noirs se sont artificieusement servi pour amener la révolte des noirs, en feignant de ne s'occuper que de l'intérêt des mulâtres.

J'ai répondu à la première objection qu'on pouvoit me faire; passons maintenant à la seconde.

« Le commandant même responsable
» d'une force armée, ne fera-t-il pas à
» Saint-Domingue une contre-révolution,
» si aucune espèce de contre-poids ne peut
» arrêter sa marche? »

Cette question annonce en même temps la plus profonde ignorance sur la Colonie, et la crainte la plus stupide d'un fantôme que rien ne peut réaliser.

Qu'est-ce que la contre-révolution? car il faut définir, pour s'entendre : c'est sans doute, pour tout homme qui la craint, le

renversement de la constitution existante
et le rétablissement d'un autre régime ; cette
seule définition va faire disparoître sans
retour le paradoxe d'une contre-révolution à Saint-Domingue. On n'y renversera
pas la constitution, car il n'y en a point, et
on ne peut pas dire qu'il y en ait : toute
la constitution coloniale actuelle consiste
dans le principe énoncé par le décret
constitutionnel du 24 septembre 1791, et
ce principe, un dictateur, un général mal-
veillant, ne pourront pas l'anéantir. — On
n'y établira pas le despotisme, car le but
de l'armement étant la soumission des
ateliers, au moment où ce but sera atteint,
la mission cessera, et les colons commen-
ceront à émettre le vœu colonial pour leur
constitution à faire.

Est-ce contre la France que sera dirigée
la contre-révolution de Saint-Domingue ?
Ce rêve est encore plus insoutenable ; une
Colonie ouverte de tous côtés, où il n'existe
pas une population suffisante pour donner
une force armée, pas un château, seroit une
singulière place d'armes pour des contre-révolutionnaires ; une Colonie séparée
par quinze cents lieues de mer de la métro-

pole , qu'il faudroit qu'elle attaquât, seroit un foyer de rebellion et d'hostilités bien redoutables. Déja l'on apperçoit la Colonie comme attendant le roi, prêt à quitter sa capitale, pour aller chercher à la France des ennemis à Saint-Domingue ; ce rêve imbécille n'est pas cru , même par ceux qui le publient ; ils savent bien que s'il étoit possible que les crimes que méditent peut-être ses ennemis et les nôtres, le forçassent un jour à chercher un asyle , il trouveroit parmi nous des sujets fidèles, prêts à mourir pour lui, des consolateurs empressés à partager ses douleurs ; mais malheureusement des vengeurs, condamnés par l'éloignement et les localités, à une impuissance presque absolue. Toutes ces craintes sont absurdes ; celles que l'on montre ne sont pas celles que l'on éprouve : on craint que l'ordre rétabli dans Saint-Domingue , de nombreux témoins ne s'enhardissent et dévoilent aux tribunaux les trames qui ont soulevé les ateliers ; on craint que la découverte des agens subalternes ne conduise jusqu'à celle des chefs qui les ont employés ; on craint que la révélation de ces grands secrets ne donne enfin la traduction juste de ces mots *pa-triotisme, révolution, liberté*, tant répétés et tant prostitués dans la Colonie : voilà ce qu'on appelleroit une contre-révolution; mais cette contre-révolution nous devons la desirer, tous les bons citoyens doivent la desirer; elle seule peut assurer la tranquillité publique : il est temps que le corps législatif et toute l'Europe sachent enfin comment et par quel art détestable quelques hommes ont feint d'embrasser la cause des hommes de couleur, qui n'avoient ni le besoin, ni la volonté de les implorer; comment ils ont en même temps trompé la métropole et la Colonie, et à l'aide de cette double intrigue, conduit à s'entre-égorger et les colons blancs qu'ils accusent, et les mulâtres qu'ils défendent.

Mais la solution de ce problême ne peut-être présentée comme une contre-révolution. Toute contre-révolution est impossible à Saint-Domingue; on n'y peut pas mettre des places fortes que la nature lui a refusées; on n'y peut pas équiper des flottes dont la matière première n'y est pas; on ne peut pas y créer une armée, puisque les hommes y manquent; on n'y peut pas renverser une constitution qui n'y est pas faite ; on n'y peut pas établir un régime quelconque, puisqu'au moment où les ateliers révoltés seront réduits, la Colonie toute entière sera appelée à voter sur la forme de sa future constitution , et s'il reste encore quelques inquiétudes sur la dictature que j'invoque, que l'on apprenne de J. J. Rousseau que le mot n'est pas inconnu dans la langue dont il a donné les principes.

« Si le péril, dit-il, est tel que l'appareil
» des loix soit un obstacle à s'en garantir,
» alors on nomme un chef suprême qui
» fasse taire toutes les loix, et suspende
» un moment l'autorité souveraine. En
» pareil cas, la volonté générale n'est pas
» douteuse, et il est évident que la pre-
» mière intention du peuple , est que l'état
» ne périsse pas de cette manière ; la suspen-
» sion de l'autorité législative ne l'abolit
» point, le magistrat qui la fait taire, ne
» peut la faire parler ; il la domine sans
» pouvoir la représenter ; il peut tout faire,
» excepté des loix. »

Ce passage répond à tout.

J'ai dissipé toutes les craintes d'une prétendue contre-révolution , et je n'ai pas même eu besoin de rappeler que le dictateur étant soumis à une responsabilité inévitable , et toutes les plaintes qu'il exciteroit pouvant être portées au corps législatif de France , il ne reste aucun motif raisonnable de diminuer ses pouvoirs , et de rendre le succès de sa mission incertain , en lui laissant des entraves.

Voyons maintenant si le troisième moyen que je propose a des inconvéniens réels.

« J'ai dit qu'il falloit suspendre toute as» semblée délibérante , ou les restreindre à
» des fonctions purement administratives. »

Cette marche est commandée par l'intérêt même des colons ; il suffit de se rappeler comment ils se sont divisés dans les premiers momens de la révolution , et comment les deux partis se sont mutuellement calomniés , pour sentir qu'il ne faut laisser à aucun d'eux la possibilité de détourner par sa querelle particulière la force armée pour le rétablissement de l'ordre. On nous parle de réconciliation , les dangers communs en ont pu faire naître le besoin ; mais au moment où le danger diminueroit, on verroit les discussions se reproduire : aujourd'hui

même les plaintes de mes malheureux compatriotes ne sont-elles pas souillées de dé-
nonciations et de reproches, terribles effets
des passions? Nos habitations se consument,
nos femmes, nos enfans sont la proie de
nos esclaves, et nous détournons les yeux
de ces malheurs, pour nous accuser mutuellement, et nous parlons encore d'aristo-
cratie, de démocratie, d'indépendance; et
nous affoiblissons l'intérêt de notre cause
commune, par l'injustice de nos soupçons, de
nos délations et de nos haines. Le malheur
n'a pu nous rendre justes. Sachez qu'aucun
de vous n'a voulu donner des fers à sa
patrie ; sachez qu'aucun n'a voulu rompre
les liens qui l'attachent à la métropole. —
Mais peut-on se flatter que ces vérités
soient entendues par des hommes que
leur ruine aigrit encore ? Non sans doute ;
leurs préventions sont trop profondes,
leurs querelles sont trop récentes : c'est la
sagesse de la métropole que j'implore dans
ce moment ; c'est à elle à nous placer tous
dans l'heureuse impossibilité de nous nuire,
et à assurer le rétablissement de la paix ,
même contre les mouvemens de nos passions et l'effet de notre imprudence. Ce

bien ne peut s'opérer qu'en rendant étrangère à tous les partis , indépendante de tous les partis, la force armée dont l'envoi nous est nécessaire : il faut qu'elle ne sache et ne veuille obéir qu'à un chef ; il faut que ce chef ne veuille , ne puisse vouloir que réduire les rebelles , et rétablir l'ordre public ; et pour que cela lui soit possible , il faut que sa responsabilité nous garantisse et qu'aucune assemblée délibérante ne vienne entraver sa marche , ou changer sa direction.

Que l'on ne craigne pas de porter atteinte aux droits de la Colonie , par la suspension des assemblées délibérantes. Aucune assemblée n'est véritablement son ouvrage et n'a l'assentiment universel ; les élections ont été le fruit précipité des craintes, des circonstances et de l'esprit de parti ; les ratifications ont été , on peut le croire, accordées pour prévenir de plus grands maux : ceux même que leur courage ou leur patriotisme a décidés à accepter une confiance peu réfléchie, s'estimeront heureux de quitter une existence politique , aussi dangereuse que peu utile : en réfléchissant, ils jugeront qu'il faut attendre

que la cessation des troubles ait permis à
la Colonie de commencer dans le calme
le grand-œuvre de la régénération; et
quant au petit nombre de ceux qui n'é-
coutant qu'une ambition coupable, voudroient conserver, au milieu du tumulte,
des places dont la patrie et l'intérêt général leur commandent le sacrifice, aucune confiance ne les environne, aucun
regret ne les attend, et leur retour forcé
à la vie privée, sera le présage de la tranquillité publique.

Ce n'est pas attenter aux droits du peuple, que de suspendre une représentation
provisoire et tumultueusement formée, pour
se mettre dans la possibilité de s'en donner
une légale, réfléchie et définitive. Le premier droit, le premier besoin, le premier
intérêt des colons, c'est la paix, c'est le
retour de l'ordre, c'est la rentrée des esclaves dans les ateliers : tout ce qui retarde
ce moment est un crime contre la Colonie;
tout ce qui l'avance est un bienfait.

J'ai répondu à ce qu'il y avoit de plau-
sible à opposer à l'adoption des mesures
provisoires qui peuvent seules nous arracher à la destruction ; ces mesures sont

instantes, et cependant nos ennemis disent sans cesse qu'il faut attendre. Quand on a décrété de foibles envois de troupes, ils se sont hâtés de les séduire, de semer parmi les soldats ce germe d'insurrection qui doit en faire les instrumens de la révolte : ils sentent bien aujourd'hui que leurs moyens seroient inutiles contre ceux que je propose, et toute leur activité se réduit à provoquer des ajournemens ; et c'est à force de délations, de mensonges, de sophismes, qu'ils espèrent obtenir du temps, le temps nécessaire pour que nos habitations soient entièrement dévastées, pour que les colons blancs soient exterminés ou chassés de Saint-Domingue ; pour que leurs cliens, les hommes de couleur, soient tous ou les victimes ou les complices des nègres révoltés, et pour que les noirs régnant sur des déserts et des cadavres, se soient disposés, par leur triomphe, à recevoir les leçons philosophiques que leur destine leurs amis d'Europe.

Voilà, législateurs Français, l'usage que l'on fera à Saint-Domingue des ajournemens qu'on sollicite ; — voilà ce qui résultera de vos lenteurs.

Des secours prompts, des secours puissans, un chef responsable, mais absolu, la suppression de toutes les assemblées délibérantes ; voilà ce qui peut sauver la Colonie, rétablir la paix et amener le temps et les circonstances où l'on pourra s'occuper, sans trouble et sans danger, du gouvernement des Colonies.

C'est sur ce point qu'il est peut-être utile de diriger d'avance les méditations.

Il faut accorder la philosophie et la politique, et l'on sait combien leurs principes ont toujours paru différer.

Je vais avec défiance présenter mes idées sur un régime colonial, d'après l'ordre de choses actuel.

Il faut traiter et les principes généraux de tout établissement colonial, et les modifications qu'exigent les circonstances particulières à Saint-Domingue.

Dans ces deux divisions générales se placeront successivement la question des rapports commerciaux ou du système prohibitif, celle de la culture des Colonies, celle de la traite et de l'esclavage, et celle des hommes de couleur.

On sent combien cette tâche est difficile ; des données nombreuses doivent conduire à des principes simples, et d'un très-petit nombre de principes bien établis, doivent sortir une multitude de résultats féconds, je dirois même de conséquences vivifiantes.

L'homme naît libre , il se réunit en société , ses besoins, ses affections naturelles l'y portent ; la société qui est d'abord une habitude , devient un état régulier et organisé , lorsqu'elle s'établit sur un pacte; le pacte social est fondé sur l'intérêt et la volonté des contractans ; il n'est sacré que parce que le bien général en est le résultat ; il n'est obligatoire , que parce qu'un engagement général en est la base : voilà les principes que l'assemblée nationale n'a pas méconnus ; elle les a même adoptés. Ces principes sont applicables à toutes les associations ; toutes les obligations sociales en dérivent , toute loi qui leur seroit contraire , ou qui même n'en seroit pas une conséquence , seroit une loi non-obligatoire , seroit un acte de despotisme.

Ce principe posé , je demande qu'est-ce qu'une Colonie? C'est la société formée sur un nouveau sol , par des individus que leurs intérêts ou leur volonté y a réunis. Ces individus étoient auparavant membres d'une ou de plusieurs sociétés; mais, par le fait de leur émigration et de leur établissement sur une terre indépendante, ils ne présentent plus aucune application au pacte social auquel ils étoient liés : ce pacte social n'avoit été souscrit que pour les hommes qui habitoient la terre où cette société existoit ; ils n'habitent plus cette terre : il avoit pour but d'en protéger les habitans ; ils n'ont plus besoin de cette protection : il soutenoit les dépenses publiques par des contributions levées sur les terres du pays, ils n'ont pas emporté ces terres : s'ils les ont vendues, elles leur sont étrangères; s'ils les ont conservées, leurs fruits ne leur parviennent qu'après avoir acquitté l'impôt, et ce qui reste, l'impôt payé, est au propriétaire par un droit indépendant du pacte social, et l'homme est et peut être propriétaire dans un pays, sans y être ni sujet aux loix , ni participant aux droits politiques, parce que l'état de sujet et citoyen exige l'habitation , la présence , et devient sans application , sans effet,

par le fait seul de l'émigration , et l'af-
filiation à une autre société.

Aucun sophisme ne peut obscurcir cette
théorie ; et elle établit sur la base même
du contrat social , l'indépendance d'une
Colonie en général.

Les anciens, sans avoir écrit ces principes,
fournissent de nombreux exemples de leur
application. Carthage , Colonie de Tyr, en
fut à l'instant indépendante ; jamais les
possesseurs de la Troade ne s'avisèrent
de soupçonner un droit de souveraineté
sur l'empire Romain : un seul cas a rendu
des Colonies tributaires ; c'est celui où la
terre a été conquise et cultivée par une
émanation légale d'un corps social existant,
et lorsque la proximité de la Colonie lui
a permis de participer aux avantages, et
de supporter les charges d'un gouvernement commun avec la mère-patrie : cela est
arrivé à quelques Colonies Grecques , elles
faisoient partie de la puissance qui les avoit
fondées , et même, malgré leur proximité et
la fréquence des besoins et des rapports réci-
proques, on a vu la raison et la nature des
choses l'emporter sur les combinaisons

politiques, et la plupart de ces Colonies sont devenues indépendantes.

Si ces principes se sont de fait appliqués aux Colonies anciennes, à des Colonies peu distantes des métropoles, et formées par des fractions considérables de leurs peuples, à plus forte raison sont-ils rigoureusement applicables aux Colonies de l'Amérique, conquises par des aventuriers de diverses nations, ne tenant à aucune en particulier, et liés entre eux par une sorte de convention, de code de piraterie qui est aussi un pacte social; par des aventuriers qui ont traversé des espaces immenses, et qui n'ont agi, ni avec les secours d'une nation, ni par ses ordres ; qui sont devenus les propriétaires, les souverains d'une terre inconnue, créée par leur industrie.

Telle est dans son origine la Colonie de Saint-Domingue ; à cet égard, je puis sans doute lui appliquer les conséquences du principe posé pour les Colonies en général.

Examinons maintenant les causes qui peuvent perpétuer l'union d'une Colonie avec un autre état, et le genre de devoirs que cette union peut faire naître.

Un

Un état, indépendant par le droit , ne peut subsister tel de fait , que lorsqu'il renferme tous les moyens d'existence et de défense nécessaires au bien-être des membres qui le composent ; le pacte social n'ayant que le bien-être pour objet , pour fin principale : s'il ne peut y arriver , s'il lui manque quelque chose pour y arriver, il est un pacte social imparfait ; il ne subsistera pas long-temps , s'il ne trouve ailleurs le supplément à ce qui lui manque, et ce supplément , il faut qu'il l'achète par des sacrifices quelconques. Voilà la situation de la plupart des Colonies ; elles sont une société libre , mais un état incomplet ; et c'est dans leurs rappports , soit à la métropole , soit à une puissance quelconque , qu'elles trouvent le moyen de completter leur existence.

Ces rapports sont des conventions libres; leur base est l'intérêt mutuel. Ces conventions se calculeront toutes sur cette mesure, et seront réciproquement obligatoires tant qu'elles n'auront pas d'autre principe. Cette vérité est constante et positive.

En adoptant à Saint-Domingue ces motifs d'union avec une puissance protectrice, nous

arriverons à fixer tous les rapports , qui
doivent l'attacher à la France : rien d'arbitraire, rien de vague dans les résultats, lorsque les principes sont invariablement établis.

Saint - Domingue a été découvert en
1492 ; en 1639 , les Flibustiers, hommes de
différentes nations , conquirent sur les
Espagnols ce qui s'appelle aujourd'hui la
partie Française de l'île. Les huit premières
années se passèrent à défendre leur conquête, contre les colons Espagnols ; pendant ce temps , ils furent dans un état de
guerre continuel, et n'arrêtèrent leurs idées
sur aucune forme de gouvernement. En
1657 , ils formèrent un véritable pacte social, et choisirent pour chef de la Colonie,
Willis, Flibustier Anglais. Quelques années
après , la majorité des colons se plaignit du
gouvernement de Willis , qui favorisoit
exclusivement ses compatriotes Anglais, au
préjudice du reste de ses nouveaux sujets.
Il y eut une *insurrection* : Willis fut dé-
posé, sortit de l'île , et les Anglais , atta-
chés à lui, le suivirent et quittèrent la nouvelle société ; elle resta pour lors composée
en majeure partie de Français ; la crainte
des Espagnols et le besoin d'une protection efficace , portèrent la république de

Saint - Domingue , à former une liaison politique avec la France. *Dongeron*, Français passé à Saint - Domingue en 1656, fut l'auteur du premier traité : il décida les Flibustiers à se mettre sous la protection de la France , il accepta de cette puissance le titre de gouverneur de Saint-Domingue. La confiance des Flibustiers , leur attachement à *Dongeron* qui leur avoit rendu de grands services , parurent quelque temps fermer leurs yeux sur l'atteinte que portoit à leur *souveraineté* l'acceptation d'un gouverneur; mais leur première passion étoit la haine contre les Espagnols , et *Dongeron* , pour la flatter , consentit à recevoir de la cour de Portugal des commissions *pour courir sus* , même après que les Espagnols eurent fait la paix avec la France. Le consentement du gouvernement Français à cet acte d'indépendance , servit à établir l'autorité de *Dongeron* , et à prolonger la sécurité des colons; mais bientôt une imprudence les rappela *à l'exercice de leurs droits*. Une compagnie Française de commerce obtint un privilége exclusif, pour commercer dans les Colonies ; ce fut en 1670 qu'elle annonça cette prétention à Saint-Domingue. Les colons prirent les armes, résolus de défendre, contre leurs protecteurs Français, la liberté qu'ils avoient su défendre contre leurs ennemis Espagnols; *l'insurrection* fut totale : *Dongeron* ramena, par sa prudence, le calme qu'une injustice avoit interrompu. La France révoqua le privilége exclusif qui alarmoit les colons ; ceux-ci acceptèrent de nouveau la protection d'une puissance qui venoit de consentir à *leur liberté*. En 1722, un nouvel acte arbitraire amena de *nouvelles insurrections* : la France avoit voulu forcer les Colonies de ne recevoir les nègres que de la compagnie des Indes. Saint-Domingue opposa à cette nouvelle atteinte toute la fermeté d'une nation *indépendante*. Les édifices appartenant à la compagnie des Indes furent détruits, tous les ports de l'île furent fermés à ses navires ; le gouverneur Français fut arrêté, tous les rapports avec la France cessèrent pendant deux ans, et cette puissance ne parvint à les rétablir, qu'en révoquant l'ordre injuste qui les avoit fait interrompre.

Ce simple exposé de faits nous explique le germe de rapport qui a existé, par le fait, entre la France et Saint-Domingue ; une sorte d'instinct, car les peuples ont leur instinct comme les individus , ont rapproché ces rapports de ce que la théorie la plus éclairée nous apprend qu'ils doivent être : fixons-les maintenant d'une manière plus positive encore, à l'aide de nos principes politiques.

Nous avons donné , pour base des conventions, l'intérêt mutuel : quel est celui des Français et des colons ?

Les colons peu nombreux , occupés de présider à leurs travaux, n'ont point cette surabondance de population qui est seule la matière première d'une marine et d'une armée : ils ne peuvent pas même, sans enlever des hommes nécessaires à la culture, se former une marine marchande propre à l'exportation de leurs denrées. Le premier besoin de la Colonie est donc d'être protégée , et d'avoir pour ses denrées un moyen assuré d'exportation.

Saint-Domingue qui pourroit peut - être fournir , par sa fécondité , à des cultures de nécessité première , est cependant consacrée spécialement à la culture du sucre et du café, objet de luxe , et dont la vente donne un bénéfice plus considérable. Un approvisionnement certain et suffisant des objets de première nécessité, est donc encore ce que la Colonie a besoin de s'assurer.

Voilà l'intérêt de Saint-Domingue et ce qu'elle attend de la France.

La France, en accordant une protection, en procurant des moyens assurés d'exportation , et en fournissant l'approvisionnement à Saint-Domingue, doit en être payée, ou par un impôt, ou par un bénéfice quelconque. Il est démontré, par la nature même des choses, qu'exiger un impôt à 1500 lieues de distance , est une véritable absurdité. Cette même nature de choses fournit un moyen bien simple d'indemniser la puissance protégeante de ses frais de protection : ce moyen est une convention par laquelle la Colonie s'oblige à vendre exclusivement toutes ses denrées à la métropole , et à recevoir de même exclusivement de la métropole toutes les denrées dont elle a besoin.

Cette convention a été faite avec Saint-Domingue : il est dans l'équité et dans la nature des choses , qu'elle reçoive les

modifications que l'expérience a fait connoître justes, et que différentes circonstances non prévues rendent nécessaires.
Par le fait de cette convention, Saint-Domingue est approvisionné et protégé :
les avantages que la France retire sont
plus de 80 millions d'exportation certaine
qu'occasionne la Colonie, tant en pro-
duction du sol, qu'en objets relatifs aux
manufactures et aux fabriques de la
France; une importation de 230 millions
de denrées coloniales, dont 150 millions
au moins sont revendus par les Français
à l'étranger qui les consomme et les
paye ; enfin la certitude d'occuper per-
pétuellement 7 à 800 navires, un grand
nombre de caboteurs, plus de 25 mille
matelots, sans compter encore les ouvriers
employés dans les villes maritimes et dans
les manufactures dont le nombre s'élève
à plus de six millions.

Voilà les premiers résultats et les premières clauses du pacte établi entre la Colonie et la métropole.

Pour en assurer l'exécution et la durée,
il faut le fortifier par plusieurs moyens.

Premièrement, pour que la protection soit

efficace et constante , et pour qu'elle ne soit pas à charge à la Colonie , il faut que la force armée , tant pour la sûreté intérieure que pour la sûreté extérieure, soit sous l'influence continue de la métropole , et constamment dirigée par elle; cela est aussi nécessaire pour lui garantir que la Colonie observera exactement le contrat relatif au commerce exclusif, et pour que les atteintes portées par les individus soient promptement et efficacement réprimées. Ceci conduit naturellement la Colonie à reconnoître comme *chef suprême* celui même de la métropole.

Secondement , si ce *chef suprême* agit arbitrairement dans la Colonie , et s'il y fait des réglemens destructifs de l'industrie , ou étrangers à l'exécution du pacte colonial , il deviendroit despote ; et ceci nous conduit à lui donner un modérateur dans la Colonie même , et à créer dans cette Colonie un *pouvoir législatif* qui exerce une surveillance constante , une responsabilité sévère contre les agens du *chef suprême* , dont l'admission dans la Colonie est démontrée nécessaire.

Troisièmement , si ce *pouvoir législatif*

colonial peut faire lui-même, sans entraves, toute espèce de réglemens ou de loix, la métropole courra le risque de voir saper sourdement les clauses du pacte colonial, et de perdre partie de ses avantages légitimes : ceci nous conduit à assujettir les actes *du pouvoir législatif colonial, à la sanction du chef suprême commun des Colonies et de la métropole.*

Quatrièmement, enfin les localités de la Colonie, et celles même de la métropole, pouvant exiger quelques changemens dans le pacte colonial, ou son application à des circonstances nouvelles, il faut que ces changemens et ces applications ne nuisent ni à la Colonie, ni à la métropole ; et ceci nous conduit à penser qu'il faut que les loix commerciales ne soient faites dans la Colonie que par le triple concours du *pouvoir législatif colonial,* du *pouvoir législatif de la métropole,* et *du chef suprême commun aux deux états.*

Ces quatre propositions simples, qui ne sont que les applications d'un seul principe, forment dans mon opinion la constitution coloniale la plus raisonnable, la mieux appropriée à l'intérêt commun, et la seule qui puisse, dans l'état actuel des choses, convenir à Saint-Domingue.

La soumission de la Colonie au roi, *l'existence d'un corps législatif colonial*, le concours de ces deux pouvoirs pour les loix intérieures, la réunion de ces deux pouvoirs *au corps législatif de la métropole* pour la confection des loix commerciales; tel est en peu de mots *la constitution* que la France ne peut nous refuser sans être injuste, et à laquelle nous ne pouvons renoncer sans être esclaves.

Que deviennent maintenant, et dans cet ordre établi et avoué par la raison, la question de la traite, celle de l'esclavage des nègres, et celle des hommes de couleur?

La question de la traite devient très-simple; elle est utile à la Colonie, elle est faite par des Français, elle est encouragée par une prime du gouvernement Français. La métropole a certainement le droit d'examiner la moralité ou l'immoralité de ce commerce, avant de consacrer un fonds à son encouragement: sous ce point de vue, elle peut discuter; mais nous allons y revenir.

Elle ne peut dans aucun cas interdire ce commerce aux Français, parce que l'achat de ces nègres ne se fait point sur les terres de sa domination ; parce que la loi ne peut défendre que ce qui nuit au corps social pour lequel seul elle existe ; parce qu'enfin dire à un Français éloigné et embarqué, et séparé de son pays par deux mille lieues de mer , *tu n'acheteras pas, tu ne vendras pas telle ou telle chose*, c'est vainement donner un ordre arbitraire, un ordre despotique, dont rien ne peut assurer l'exécution : le commerce se joueroit d'une telle défense, et feroit , sous pavillon étranger , ce que vous auriez interdit au pavillon Français. On ne peut donc pas efficacement défendre la traite des noirs ; mais doit-on l'encourager par une prime ? Avant de prononcer , il faut encore se rappeler que ce commerce est nécessaire à la Colonie, et que si la prime est nécessaire à ce commerce, la prime rentre dans l'exécution du contrat colonial dont aucune clause existante ne peut et ne doit être changée que d'après le concours *du corps législatif colonial, du corps législatif de la métropole, et du chef suprême commun aux deux états.*

C'est donc seulement par ce triple con-concours que pourra être justement supprimée la prime accordée à la traite. Supposons qu'elle le soit , la Colonie exigera sans doute en dédommagement, et l'on ne pourra s'y refuser, la liberté indéfinie d'acheter ses nègres des commerçans de toutes les nations qui entreprendront la traite. Cette faculté ne rendra pas la traite moins active ; d'autres peuples s'empresseront de remplacer, dans les parages Africains , les vaisseaux que la France ne voudra plus envoyer, et la concurrence établie aux lieux de l'achat et de la vente, donnera de nouvelles forces à ce commerce ; elle le rendra même plus rigoureux, plus atroce , et chaque négrier ne pouvant espérer de gain qu'en luttant d'économie avec ses concurrens, spéculera de la manière la plus barbare , sur le logement, sur la nourriture et sur la santé des nègres. Ainsi le résultat d'une résolution quelconque contre la traite des nègres par les Français , n'aboliroit point ce commerce , ajouteroit à son atrocité , et obligeroit à accorder à la Colonie la faculté, si dangereuse pour les intérêts de la métropole, de faire un commerce quelconque avec les nations étrangères.

Ces inconvéniens majeurs disparoîtroient

cependant, si l'on pouvoit abolir l'esclavage des nègres : mais comment résoudre cette seconde question ?

Elle est étrangère à la métropole, elle ne peut être décidée que par une loi coloniale; cette vérité résulte clairement, nécessairement des principes que je viens d'établir, et chacun de ces principes a le caractère de l'évidence.

La métropole ne peut, sans asservir la Colonie, lui dicter une loi intérieure : la Colonie ne pourroit la recevoir sans se placer sous le despotisme : c'est donc par les colons eux-mêmes qu'il sera prononcé sur l'esclavage de leurs nègres. La seule ouverture d'une discussion à ce sujet dans la métropole, seroit un véritable attentat au pacte colonial. La France ne peut pas craindre la responsabilité d'un état de choses que les principes qu'elle vient d'adopter désavouent, que ces principes devroient proscrire dans son sein, mais que ces mêmes principes lui défendent impérieusement d'interdire à la Colonie, qui dans son pacte avec elle, n'a ni pu ni voulu lui donner le droit de subvertir son régime intérieur.

Aurai-je besoin de prouver que sans l'esclavage, la Colonie entière périroit, qu'elle ne peut pas être cultivée autrement que par des noirs forcés au travail, et qu'enfin l'esclavage des noirs en Amérique, est un sort plus tolérable, moins funeste cent fois que celui qu'éprouveroit en Afrique les individus que l'on y vend? On sait que ces questions deviennent véritablement étrangères à mon sujet; que sans attendre leur solution, j'ai suffisamment démontré que la France n'a pas le droit d'abolir l'esclavage à Saint-Domingue; mais cependant ces questions ont un grand intérêt par elles-mêmes; et l'homme que la raison et la politique ont conduit à regarder comme nécessaire l'esclavage en Amérique, a besoin de rassurer ses principes contre sa sensibilité, et de jeter souvent les yeux sur les maux plus atroces encore que cet esclavage même épargne au moins à ses victimes.

La Colonie périroit par l'abolition de l'esclavage. La nature de sa culture exige des travaux continus et faits par un grand nombre d'hommes réunis. Les nègres à qui

la terre fourniroit sans travail leur subsis-
tance, et à qui l'habitude et le climat ren-
droient des vêtemens peu nécessaires, ne
s'assujettiroient pas volontairement à ce
travail, s'ils étoient libres. Ce fait se prouve
par l'indolence absolue dans laquelle ils
vivent en Afrique et dans nos îles mêmes :
les nègres marrons ne se livrent à aucune
espèce de culture dans les montagnes où
ils sont refugiés ; les nègres affranchis
se hâtent de se procurer un esclave, et ne
comptent leur liberté que du jour où ils
peuvent ne pas travailler. En supposant
même, contre toute vraisemblance, que quelques nègres consentissent à travailler pour
de l'argent, voudroient-ils s'assujettir à la
continuité indispensable du travail ?

L'EXPLOITATION de la canne à sucre demande la plus grande activité, l'ordre le
plus sévère, et la plus grande précision
dans les travaux ; un intervalle trop long
entre l'instant où la canne est coupée et
celui où on la presse au moulin, fait fer-
menter le suc qu'elle renferme, et altère
la qualité du sirop ; si l'on n'ôte pas rapi-
dement le sirop des chaudières pour le

transporter dans les rafraîchissoires, on n'obtient pas une belle cristallisation. Le moindre retard, la moindre indocilité fait manquer quantité d'autres opérations, et ruine le propriétaire : le besoin absolu qu'il aura du nègre, et le peu de besoin que le nègre a de lui, pouvant vivre sans presque travailler, haussera les salaires arbitrairement, et de manière à détruire tous les avantages de la culture. D'ailleurs, dans l'état actuel, l'estimation la plus commune porte à 466 liv. de France, la récolte obtenue par le travail d'un seul nègre ; les frais qu'exigent l'exploitation forcent de prélever le quart de cette somme : ôtez 116 liv. 10 s. de 466 liv., il ne reste que 350 liv. 10 s. caculez un salaire de 40 sous par jour, cela vous donnera pour l'année une dépense de 730 liv., somme excédant le produit même de la récolte obtenue par le travail de chaque nègre. Le colon sera donc forcé d'abandonner la culture, même dans cette hypotèse la plus favorable au systême que je combats, et pour l'adoption duquel il m'a fallu supposer, contre la vraisemblance et la vérité, la disposition des nègres, devenus libres, à se soumettre, pour un prix très-

médiocre

médiocre (1), à un travail très-continu. J'observe encore que les nègres sont, avec les Européens, dans la proportion de dix à quinze contre un ; qu'une fois affranchis, il faudroit bien, dans *l'état actuel des choses, qu'ils fissent partie intégrante* du corps social dans la Colonie ; que s'ils en étoient partie, ils en seroient la majorité ; que s'ils en étoient la majorité, ils feroient la loi ; et que s'ils faisoient la loi, ils établiroient bientôt les mœurs de l'Afrique, et détruiroient la Colonie.

A cette démonstration, je n'ajouterai que cet aveu précieux de la société des amis des noirs. (2) : « Nous ne demandons » pas même la liberté des noirs (disent- » ils) ; leur affranchissement immédiat » seroit non-seulement une opération fa- » tale pour les Colonies, mais un présent » funeste pour eux. »

L'esclavage des noirs est donc intime-

____

(1) Le prix ordinaire de la journée d'un nègre ouvrier, est, à Saint-Domingue, d'une piastre par jour, et sa nourriture en outre.

(2) Adresse des amis des noirs à l'assemblée nationale, en 1790.

E

ment lié à la prospérité des Colonies, et même à l'intérêt des noirs. L'Européen ne peut pas les remplacer; on sait quel a été le sort de tous les envois d'Européens faits dans la Colonie. L'intempérie du climat dévore ceux qui s'y livrent au travail, et la dissolution des mœurs, inévitable dans les pays chauds, ajoute encore à ce danger. Quelques expériences ont été faites sans succès. On cite même des Européens instruits et sobres, qui ont, par un dévouement généreux, fait sur eux-mêmes l'essai du travail de la terre : des maladies, un épuisement affreux, les ont forcés à interrompre cette intéressante expérience.

L'homme qui ne sait pas acheter un bien, par l'introduction d'un mal plus grand, qui ne veut pas livrer un peuple entier, ses amis, ses compatriotes, au jeu barbare d'une spéculation philosophique, tournera donc toutes ses vues, toutes ses espérances vers l'adoucissement de l'esclavage dont la destruction cesse de lui paroître possible. A cet égard l'intérêt, bien entendu, des colons, l'influence du gouvernement, peuvent ajouter journellement des adoucissemens au sort des nègres, sort qui, tel qu'il est aujourd'hui , est encore un bienfait pour eux , si on le compare aux maux auxquels on les a soustraits.

Les nègres que l'on vend en Afrique, sont tous des prisonniers de guerre , ou ce qu'on appelle dans ce pays des criminels, c'est-à-dire des hommes qui ont déplu, pour une raison quelconque , au despote qui a sur eux droit de vie et de mort. Si l'on veut prendre une idée vraie des mœurs, je ne dirai pas des hordes Africaines, mais de leurs états les mieux administrés, qu'on lise le journal de M. Gourg, administrateur au comptoir de Judas sur la Côte-d'Or, on y verra qu'en 1788, les 14, 15, 16 et 19 février, on immola, à l'occasion de la mort du roi, 57 nègres, 7 chevaux et un chien; qu'en 1789, une autre cérémonie en fit immoler un pareil nombre, les 8, 9 et 13 janvier; que l'on lise les dépositions faites au parlement d'Angleterre, et l'on y verra consigné l'aveu fait par les nègres eux-mêmes, que ceux d'entre eux destinés à l'esclavage , seroient immanquablement égorgés, s'il ne se présentoit pas d'acheteurs.

Ces faits positifs doivent rendre moins

odieux le système colonial ; quand on se rappelle d'ailleurs quel est à Saint-Domingue le régime auquel sont assujettis les malheureux que la traite arrache au fer de leurs bourreaux.

Je sais bien qu'il existe quelques traits isolés de barbarie ; mais ces traits sont des crimes que la loi peut atteindre, et *que le pouvoir législatif colonial* aura toujours l'intérêt, la volonté et le droit de réprimer.

Voici le régime habituel.

Tout nègre attaché à une habitation, possède une caze toujours saine et assez commode pour son logement, celui de sa femme et de ses enfans. Obligés au travail, ils ont une heure de repos pour déjeûner et deux heures à midi. Le travail qui commence au soleil levant, et que ces trois heures de repos ont interrompu, cesse totalement au coucher du soleil. A la moindre indisposition, le nègre est soigné dans l'hôpital de l'habitation ; il l'est encore dans sa vieillesse, et lorsqu'il ne peut plus travailler. Un usage presque général donne aux négresses deux ou trois jours de liberté par semaine, lorsqu'elles ont trois ou quatre enfans ; celles qui en ont élevé cinq jusqu'à l'âge de douze

ans, ne travaillent plus que pour leur compte,
ce qui s'appelle la liberté de Savanne. Si la
mère vient à décéder, le père hérite ordinairement de ces avantages. Tous ont ou peuvent avoir des volailles, des cochons , même
des vaches et des chevaux dont ils trafiquent
à leur gré. Les jours de fêtes et même les autres jours, à l'issue de leurs travaux, ils se ras-
semblent pour danser, et pendant le travail
même , on entend souvent les chansons par
lesquelles ils s'y animent, et non ce prétendu
cliquetis de coups de fouet où les gémis-
semens des victimes , dont nous parle les
amis des noirs. Le seul mal réel qui soit
attaché à leur état , c'est la nécessité des
châtimens : à cet égard, il existe des loix
coloniales qui en répriment l'excès, et l'intérêt même du colon le ramènera toujours à la douceur , lorsqu'il ne sera pas
conduit à la sévérité par la crainte d'une
révolte que les amis des noirs ne cessent
de leur conseiller.

J'ai démontré que la traite des noirs ne
pouvoit pas être abolie; que la destruction
de l'esclavage entraîneroit celle de la Colonie ; que dans tous les cas cette dernière question, purement coloniale, ne pou-

voit pas être traitée dans la métropole : il
est évident que par la suite des mêmes
principes que j'ai développés, la question
des hommes de couleur ne peut être décidée qu'à Saint-Domingue, et que l'on ne
croie pas qu'elle y sera résolue d'une manière désavantageuse pour eux : si quelques-uns, par leur coupable connivence avec
les amis des noirs, ont irrité les colons
blancs, et se sont permis des mouvemens
tumultueux, des excès coupables, ceux-ci
n'oublîront pas qu'une nombreuse portion
de cette classe leur a montré attachement
et fidélité : les liens du sang, l'empire si
réel des objets de notre affection et de
nos foiblesses, luttera près du pouvoir législatif de Saint-Domingue, contre les suggestions de l'orgueil qu'on suppose, et
même contre les mesures que commande
la politique : du moment où les mulâtres
ne demanderont plus avec des armes à la
main, ils obtiendront tout ce qui est com-
patible avec la constitution coloniale. Dans
tous les cas, je l'ai dit, cette question n'in-
téresse pas la France, ce n'est point à la
métropole à prononcer ; il n'y a pour
la métropole *qu'une nation* dans Saint-

Domingue, c'est celle des planteurs qui ont fait la conquête de l'île , en possèdent la propriété , et y forment le corps social : les esclaves qu'ils ont achetés , les enfans qu'ils ont eus de ces esclaves , établissent dans la colonie des rapports intérieurs , étrangers à la métropole , nuls pour la métropole , et dans lesquels elle ne peut pas s'immiscer, sans usurper le despotisme.

Me voici parvenu au terme du travail que je m'étois imposé ; mon amour pour ma patrie, et plus encore pour la vérité , m'a donné le courage de chercher sans aucune passion, sans aucune acception, en éloignant même mes opinions particulières snr les divers systêmes de gouvernement , les rapports qui pussent unir à la France une Colonie que ses habitudes et ses sentimens rendent absolument Française.

Habitans de Saint-Domingue , de toutés les classes , tremblez qu'on puisse vous adresser ces paroles de Montesquieu :

« Malheureux ! qui voulez être citoyens, » lorsqu'il n'y aura plus de cité.

Et vous, législateurs actuels de la métropole, n'oubliez pas que si la réflexion et la nécessité nous reportent vers le sentiment de-

nos droits, toutes nos affections nous préci-
pitent vers l'union la plus étroite avec la
mère-patrie; n'affoiblissez pas ces dispositions par des imprudences et des injustices.
Ecoutez la voix impérieuse des choses, elles
parlent plus haut et plus sûrement que les
hommes. Laissez-nous faire les loix intérieures qui nous conviennent, et qu'il nous
appartient de faire. Ne réglez nos loix commerciales que sur l'intérêt mutuel, et sur
tout dans ce moment secourez-nous, secourez-nous promptement, car nous périssons
par le crime de ceux qui nous calomnient
et qui vous trompent. Déchirez le voile
qu'ils élèvent entre vous et la Colonie; rendez
à cette dernière la prospérité qui est une
partie de votre puissance; et si jamais abusant
de la justice, on vous présentoit en son
nom des systêmes destructifs de notre
existence, sachez que la première justice,
l'éternelle justice consiste à respecter les
droits et priviléges des nations, et que
nous aussi nous sommes une nation, et une
nation indépendante.

Signé CORMIER.

9 782019 669089